Aus Gründen der besseren Lesbarkeit wird darauf verzichtet, geschlechtsspezifische Formulierungen zu verwenden. Soweit Bezeichnungen nur in männlicher Form angeführt sind, beziehen sie sich auf Männer und Frauen in gleicher Weise.

Dieses Buch ist eine Reise zu sich selbst, um eigene Qualitäten, Ressourcen und Chancen zu entdecken, sie richtig einzuschätzen und letztendlich besser zu nutzen.

Be´shan, 1970 in Tiflis(Georgien geboren, lebt und arbeitet als Künstler, Autor und Kunsttherapeut in Hamburg.

BE´SHAN

ERFOLGREICH ALS KÜNSTLER

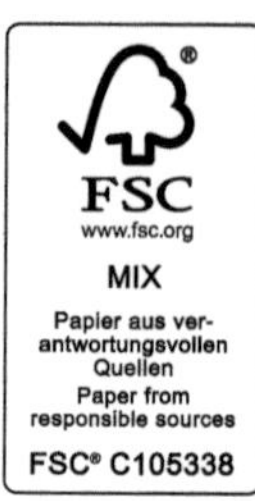

Umschlaggestaltung: Be´shan
Foto: Corinna Engel
Herstellung und Verlag:
BoD – Books on Demand, Norderstedt

ISBN: 978-3-7557-3641-7

Mehr Information über den Autor:
www.beshan-art.de
www.kunsterlebnisse.com

Inhalt

Einleitung

Von der eigenen Kunst leben – davon träumen viele kreative Menschen. Manche schaffen es, doch sehr viele nicht ... Von dem leben zu wollen, was im Zentrum des Lebens steht und einen erfüllt – ist ein völlig nachvollziehbarer Wunsch. Doch wie realistisch ist es in unserer Zeit, diesen Traum leben zu können? Welche Voraussetzungen müssen gegeben sein? Was heißt es heute, ein Künstler zu sein?

Wir gehen der Sache auf den Grund. Die berühmten 5 Ws werden geklärt:

Was biete ich an?
Warum biete ich an?

Wo biete ich an?

Wem biete ich an?

Wann biete ich an?

Es wird aber auch um Ihr künstlerische
Selbstverständnis gehen. Gehen Sie auf eine
Reise zu sich selbst, um Ihre Qualitäten,
Ressourcen und Chancen zu entdecken,
richtig einzuschätzen und erfolgreich einzu-
setzen.

Es gibt kein Zaubermittel und auch keinen
Knopf, um uns Künstler von einem Augen-
blick zum anderen erfolgreich zu machen,
leider.

Mit Erfolg meine ich dabei nicht ein Leben
in Saus und Braus, als steinreicher Mensch.
Erfolg ist relativ.– wenn du jedoch von deiner Kunst und Kreativität leben kannst,
dann ist das heutzutage schon ein Erfolg!

In diesem Buch werde ich euch all das weitergeben, was ich selbst auf meinem langen und nicht immer schmerzfreien Weg als Künstler an Erkenntnissen gewonnen habe. Oft hat das Ganze mit Verstehen zu tun. Zu verstehen, wie die Dinge in dieser Branche zusammenhängen, wie sie funktionieren und wie nicht, darum wird es gehen.

Heutzutage Künstler zu sein, bedeutet enorm viel Arbeit. Ja, Kunst zu machen ist neben der Berufung auch Arbeit, und es bedarf mehr als der Fähigkeit, schöne Bilder malen zu können. Der Künstler, der nur auf den Kuss der Muse wartet und in den Wolken schwebt, ist eine Erfindung des 19. Jahrhunderts. Wir leben aber schon im 21. Jahrhundert. Und der Zugang zur eigenen Kreativität ist ein gänzlich anderer, als nur auf Inspiration zu setzen. Auf die Künstler von heute und besonders von morgen kommen völlig neue Aufgaben zu, und

Künstler werden in Zukunft gefragter denn je sein. Denn der überwiegende Teil der Menschen der westlichen Welt hat verlernt, etwas mit den eigenen Händen zu erschaffen, ja er weiß gar nicht mehr, wie das überhaupt geht. Der moderne Mensch hat vieles verlernt – und mangelnde künstlerische Kreativität ist erst der Anfang. Doch er sehnt sich danach. Wer könnte ihm behilflich sein, seine Kreativität zu entdecken und zu entwickeln?

Ein Künstler!

Es ist eure Zeit. Packt das richtig an!

Erfolgreich sein
Willst du das wirklich?

Will man erfolgreich sein, ist wohl das Allerwichtigste, dass man zu 100% davon überzeugt ist, für den Erfolg empfänglich zu sein.

Um herauszufinden, ob du es bist, rate ich dir, dich ehrlich zu befragen, ob du überhaupt ein erfolgreiches Leben führen willst. Oft gibt es nämlich innere Widerstände, die unserem Erfolg im Wege stehen. Unsere unbewussten Denkmuster verhindern, dass wir wirklich ein erfolgreiches Leben anstreben und führen.

Also, wir sagen ein großes JA zum Erfolg!

Bist du ein Künstler?

Bevor wir loslegen, beantworte bitte für dich diese eine sehr wichtige Frage:

Bist du ein Künstler?

Siehst du dich selbst wirklich als Künstler?

Und was ist das für dich überhaupt, ein Künstler?

Am besten denkst du richtig lange über diese Fragen nach, setz dich gründlich damit auseinander, verliere die Frage nie aus dem Kopf, reflektiere dein Leben, deine Vergangenheit, deine Gegenwart und deine Zukunft, deine Person …

Wenn du klarer siehst, dann stell dich vor den Spiegel und beantworte offen und ehrlich noch einmal die einfache und doch für uns fundamentale Frage:

Bin ich ein Künstler?

Wenn du die Frage mit JA beantwortet hast (davon gehe ich eigentlich aus, sonst würdest du diesen Text ja nicht lesen), dann macht dieses Buch für dich einen Sinn, wenn nein … Du musst es wissen. Dann wirst du eher weniger profitieren … Doch zumindest deine Neugierde wird befriedigt werden.

So oder so – wir können loslegen.

Was heißt es heute, ein Künstler zu sein?

Allgemein betrachtet mögen wir von Natur aus alle Künstler sein, wie der gute alte Joseph Beuys schon sagte, aber um von der Kunst leben zu können, bedarf es etwas mehr als der kreativen Entscheidung, ob die nächste Farbe auf der Leinwand rot oder grün sein soll.

Die meisten Menschen haben leider immer noch diese Vorstellung von einem Künstler – ein Künstler ist ein Versager, talentiert, aber trotzdem ein Looser … Er muss hungern, damit er gute Kunst schaffen kann, oder er ist ein Spinner, den man nicht wirklich ernst nehmen kann, einer, der Termine nicht einhält und letztendlich nur ein liebenswerter Trottel ist.

Stimmt das so?

Dazu möchte ich eine Geschichte erzählen:

Ich hatte mal eine Lesung und stellte ein Buch von mir vor, in dem es um einen Künstler und sein Leben in der modernen Gesellschaft geht. Ich las ein Kapitel über Erfolg und darüber, wie ein Künstler seine Bilder am besten verkauft und was seine Träume sind. Ein Zuhörer im Publikum (wohlgemerkt ein gut verdienender Arzt) war darüber entsetzt, dass ich als Künstler über Geld sprach. Seiner Meinung nach sollte ein Künstler erst gar nicht darüber nachdenken …

„Wenn Sie mir ein Leben lang ein Stipendium geben, verspreche ich, dass ich es nicht mehr tue …“, antwortete ich launig. Der Arzt war weiterhin erbost.

Was sagt uns diese Geschichte?

Der gute Arzt möchte uns Künstler als hungernde Exoten sehen, die tolle Bilder malen, ihn kümmert es wenig, wie wir unseren Lebensunterhalt bestreiten … Er will auch, dass wir früh sterben, damit die Bilder, die er bei uns für einen Appel und ein Ei gekauft hat, später vielleicht Millionen wert sind, weil wir so früh im Elend gestorben sind.

Muss ich noch mehr dazu sagen?

Vielleicht nur das Eine:

Solche Menschen handeln aus purem Egoismus – geht ihnen nicht in die Falle, wenn sie anfangen, uns über Moral die Leviten zu lesen.

Wenn du als Künstler auch solche Tendenzen hast, also im Stillen denkst, Geld habe nichts mit Kunst zu tun, dann ist es kein

Wunder, dass es bis heute nichts geworden ist mit deinem künstlerischen Erfolg.

Hier müssen wir zwei Dinge grundsätzlich trennen:

Wenn du deine Kunst ausschließlich für dich ausübst, du sie nur als Spaß und geistig-seelische Bereicherung betrachtest und die anderen Menschen dich nicht interessieren, dann solltest du auch nicht den Anspruch haben, von der Kunst leben zu wollen.

Mit Farben, Stiften oder Steinblöcken umgehen zu können – das ist nur einer von mehreren Aspekten, die den heutigen bildenden Künstler ausmachen. Ein Künstler von heute ist viel mehr als nur ein Maler, Bildhauer oder Zeichner.

Was sind wir Künstler heute, bzw. was sollten wir darüber hinaus noch sein?

18

Erzieher

Coaches

Manager

Buchhalter

Zauberer

Geschichtenerzähler

Logistiker

Hellseher

Therapeuten

Moderatoren

Unterhalter

Performer

Ideengeber

All das und noch mehr sind wir.

Und wenn du dich nicht wiederfindest in dieser Liste, dann suche und entdecke in dir die Qualitäten, die die Menschen mit solchen Berufen auszeichnen.

Denn ohne diese Qualitäten wird es nicht mehr gehen.

Und ganz wichtig:
Stell bitte dein großes Ego hintenan.

Wie funktioniert die Wirtschaft?

Verkauf allgemein.

Egal was du verkaufen möchtest, ob Kunst, Kartoffeln oder Zwiebeln ... Es muss Bedarf da sein. Du hast etwas und bietest es an, weil der andere es nicht hat und braucht. Wie dieses Buch hier, für das du bezahlt hast, weil du es brauchst.

Also mach dir jetzt Gedanken darüber, was du hast und was die anderen nicht haben.

Und hier ein Einwurf für die Kritiker, die mich jetzt für diese Aussagen auseinandernehmen:

Bei diesem Buch geht es NUR darum, von der Kunst leben zu wollen, und NICHT um die Kunst, die völlig unabhängig von wirtschaftlichen Aspekten geschaffen wird.

Okay?

Das haben wir jetzt hoffentlich geklärt.

Also noch einmal die Frage:

Was ist das, was du anbietest?

Denk darüber nach und beantworte dir die Frage.

Die Umstände um dich herum – dein Umfeld

Die Einschätzung, was als Kunst wahrgenommen wird, ist relativ.

Kunst kann nur da gedeihen, wo sie geschätzt und verstanden wird.

Wenn wir ein Original von van Gogh in Berlin Hellersdorf oder in Hamburg Mümmelmannsberg auf die Straße stellen, wird es mit großer Wahrscheinlichkeit im Sperrmüll landen. Ein Werk, das einen Wert von 100 Millionen Dollar oder Euro hat. Stellen wir an denselben Straßenrand einen Barren reines Gold, dann sieht die Sache anders aus.

Also: das Umfeld, in dem wir leben, macht den Unterschied.

Wo wohnen wir, wo stellen wir aus, wo gehen wir aus.

All das wirkt auf uns und auf unsere Kunst.

Ich kenne viele Künstler, die überall ausstellen, ohne darüber nachzudenken, mit welchem Effekt. Hauptsache, sie haben eine Ausstellung. Es gibt eine ganze Menge Stadtteile in Hamburg, wo ich nie im Leben ausstellen würde. Du hast nur Kosten und wirst enttäuscht. Das bewirkt eine gewisse Entwertung deiner Kunst, die sehr negative Folgen haben kann.

Machen wir uns nichts vor:

Kunst kommt heute da an, wo es Bildung gibt.

Wo es Zugang zur Kultur gibt.

Und wo das nötige Kleingeld vorhanden ist, Kunst auch zu kaufen.

Ausstellungen an anderen Orten dienen entweder deiner Selbsterfahrung oder sind Zeitverschwendung.

Zielgruppe

Egal was du anzubieten hast, selbst wenn es nicht um Verkauf geht:

Du brauchst eine Zielgruppe.

Hast du dir schon mal darüber Gedanken gemacht – wer deine Zielgruppe ist?

Sind es Lehrer? Hochschulprofessoren? Kellner? Oder vielleicht die Schichtarbeiter? Vielleicht sogar Künstlerkollegen?

Wenn du deine Zielgruppe noch nicht festgelegt hast, würde ich dir dringend raten, dies zu tun.

Kunst an sich wird heute immer noch als Luxusgut gesehen und unsere Aufgabe als Künstler ist es, diese Denkweise zu verändern und Kunst jedem Menschen zugänglich zu machen.

Doch nicht jede Kunst ist etwas für alle Menschen, und deine Kunst sicher auch nicht.

Sobald du dich mit dem Thema Verkauf befasst, und du derjenige bist, der verkauft, dann bist du ein DIENSTLEISTER.

Und gerade mit dieser Rolle haben viele Künstler in Deutschland Schwierigkeiten. Man möchte die Kunst als Ausdruck musischer Inspiration sehen, als etwas Göttliches, und Geld … na ja, Geld hat damit nichts zu tun.

Schön und gut. Wieso haben wir dann den Anspruch, von der Kunst leben zu wollen???

Michelangelo, da Vinci, Rubens und all die anderen, das waren alles Dienstleister, haben im Dienste von … gearbeitet.

Und als wir im 20. Jahrhundert die Freie Kunst entdeckten, begann das Drama.

Also, wer ist unsere Zielgruppe?

Das sind überwiegend Akademiker.

Niemals wird ein Schichtarbeiter oder ein Taxifahrer zu unseren Vernissagen und Events kommen, geschweige denn unserer Bilder kaufen. Die haben ihr eigenes Leiden.

Kreativität folgt auf Kreativität (Visionen)

Die meisten Künstler denken, wenn sie etwas erschaffen haben, hat sich damit die Kreativität erledigt und es folgt nun das alltägliche Leben. Mit dem Abschluss des Werkes ende auch die kreative Betätigung, glauben sie.

FALSCH!

Der heutige Künstler muss 24 Stunden am Tag kreativ sein.

Ganz besonders wenn es darum geht, einem Kunstwerk ein würdiges Zuhause zu ermöglichen. Ein Weiterleben sozusagen, ein Leben nach dem Erschaffen des Werkes.

Und hier beginnt eine weitere wichtige kreative Arbeit:

Die Vermarktung

Dabei muss möglicherweise noch kreativer vorgegangen werden als bei der Erschaffung der Kunst, denn es braucht kreative Ideen, wie du deine Kunden, also Käufer finden und für dich gewinnen kannst.

Umfeld 2

Es gibt das allgemeine gesellschaftliche Umfeld, wo die Kunst entstehen und gedeihen kann, und dann gibt es dein persönliches Umfeld, also das Umfeld, wo du dich aufhältst und rumtreibst ... Orte und ihre Menschen, die dich inspirieren.

Früher waren es oft Cafés, Salons, wo sich die Künstler trafen, stritten und einander beflügelten. Ist so etwas heute, in den Zeiten des Internets noch möglich?

Ich habe die Erfahrung gemacht, dass ein künstlerisches Miteinander heute selten anzutreffen ist. Der Künstler von heute ist überwiegend ein ICH-Mensch mit einem sehr großen Ego, der immer alles besser weiß und selten den Kolleginnen und Kollegen ihren Erfolg gönnt. Erst nach mir bitte …

Hinzu kommen noch Narzissmus und Verbitterung. Wenn du deinen Mitkünstlern von deinen frischen, vielleicht etwas naiven Ideen erzählst, richten sie dich mit ihren Kommentaren zugrunde, und so nehmen sie dir jeden Wind aus den Segeln.

Ist es nicht besser für dich, dir Kreise zu suchen, wo die Menschen ihr Auskommen haben und im Grunde mit ihrem Leben zufrieden sind, aber ihre Routine und Langeweile durchbrechen wollen, ohne zu wissen wie?

Dann kommst du!

Künstler. Zauberer. Ideengeber. Unterhalter. Exot.

Auf dich haben sie gewartet. Vielleicht tragen sie dich auf Händen und geben dir, was du brauchst.

Nicht vergessen:

Das Leben ist Geben und Nehmen.
So funktioniert unsere Gesellschaft und so funktioniert auch die menschliche Natur.
Wichtig ist dabei, dass du deinen Preis kennst.
Und dafür brauchst du ÜBERZEUGUNG.

Und hier die nächste Frage:

Wie überzeugt bist du von dem, was du künstlerisch machst?

Denk bitte darüber nach und beantworte dir die Frage ehrlich und ohne Umschweife.

Dieses Überzeugtsein von sich selbst (nicht zu verwechseln mit Selbstüberschätzung) ist für uns Künstler heute ungemein wichtig. Ein erfolgreicher Mensch strahlt dies aus und zieht sofort die anderen in seinen Bann. Nenn es Aura, Charisma oder wie auch immer.

Ohne dieses starke und authentische Überzeugtsein von sich selbst fehlt die nötige Kraft, das Umfeld von der eigenen Kunst zu überzeugen. Wenn du an deine Kunst nicht glaubst, warum sollen dann die anderen an sie glauben und ihr hart verdientes Geld dafür ausgeben?

Du und deine Kunst, das, was du erschaffst, deine Botschaft an die Welt – soll wirken wie ein Fels in der Brandung. Stabil und vor Kraft strotzend.

Aber aufgepasst:

Manche Menschen geraten bald in eine Rolle und wirken dann aufgesetzt und lächerlich. Ich würde Jonathan Meese als ein gutes Beispiel nennen, auch wenn er zweifelsohne ein guter Verkäufer ist. Aber seine Aussagen zur Kunst sind nur noch peinlich.

Also noch einmal: sei von dir überzeugt, dann kennst du auch deinen wahren Preis.
Wenn du immer billig und günstig verkaufst, wirst du nie über dieses Level hinauskommen.

Kenne deinen Preis!

Erkenne deine Qualitäten.

Deine Talente.

Und nutze deine Ressourcen.

Und wenn du all das kennst, dann hilf auch anderen, ihr eigenes Potenzial zu entdecken.

Und dafür werden die Menschen dir etwas bezahlen und dir somit ein würdiges Künstlerleben ermöglichen.

Siehe dich selbst als Dienstleister, ohne dich jedoch auf eine Ebene mit einem Kellner oder einer Pflegekraft zu stellen – bei allem Respekt für diese Berufsgruppen.

Nein, du bist als Künstler ein Hohepries-
ter der Kreativität.
Was das ist?
Ich erkläre das.

DER HOHEPRIESTER DER KREATIVITÄT

(Huh, was für eine Wortschöpfung!!!)

Das ist der Künstler von heute und ganz besonders von morgen.

Ein Mensch, der Lösungen hat, Möglichkeiten erörtert und Türen öffnet.

Ein solcher Künstler kann mehr als Farben zusammenmischen. Vielmehr ist er ein Mensch, der die Kunst der Kommunikation beherrscht. Denn Kommunikation ist die Zukunft. Durch richtiges Kommunizieren werden Probleme auf einfachste Weise gelöst. Kommunikation kann Wunder bewirken.

Wir Künstler sind die Kommunikateure.

Die Persönlichkeit (Charaktereigenschaften)

Einige Eigenschaften gehören einfach zu einem modernen Künstler. Wer sie nicht besitzt, kann sie sich jedoch antrainieren.

Hingabe

Heißt: mit Leib und Seele Künstler sein.

Es kommt nichts anderes in Frage. Schluss!!!

Heißt: bereit sein, für die Kunst Opfer zu bringen.

Alles für die Kunst zu tun – Tag und Nacht.

Einfach eine entschiedene Sache.

Punkt!

Beharrlichkeit

Heißt: deinen Platz, besser gesagt, deine Kunst, mit Klauen und Zähnen verteidigen. Sobald du mit dem Anspruch daherkommst, deine Kunst für die Augen der Öffentlichkeit zu erschaffen, kommen die Kritiker, die natürlich alles besser wissen. Genau gegen diese Kritiker sollst du deine Kunst zu verteidigen wissen.

Das, was du tust, muss nicht allen gefallen, aber es ist dein Werk und hat auch eine Berechtigung, einen Platz in der Gesellschaft. Du musst hinter deinem Werk stehen und niemals eine Egal-Haltung einnehmen.

Eloquenz

Reden, überzeugen, fantasieren, Geschichten erfinden, Möglichkeiten erforschen … einfach Menschen begeistern. Die Bilder schon mal mit Worten malen können, Menschen darauf heiß machen, was alles noch von dir kommen kann. Einfach zaubern.
Wir Künstler sind Zauberer.

Liebe

Liebe brauchst du immer und überall.
Nicht nur Menschen wollen geliebt werden.
Das, was du tust, egal was es ist, soll immer mit sehr viel Liebe erfüllt sein.

Es geht darum, ob du das, was du machst, auch wirklich liebst.

Stell dir die Frage: Liebst du, was du künstelst?

Gib dir bitte eine ehrliche und spontane Antwort und denk über sie nach.

Neugierde

Ohne Neugierde läuft nichts im Leben, eine gesunde Neugierde ist der Motor für jeden Anfang und jede Innovation, ganz zu schweigen davon, dass sie das Elixier für ein erfolgreiches Leben als Künstler ist. Wer sich zu Hause abkapselt und sich für nichts mehr interessiert jenseits seiner Kunst, kann nichts mehr erwarten von der Außenwelt. Ein Künstler ist von Natur aus auf alles neugierig, was um ihn herum läuft, und er hat stets scharfe Augen, spitze Ohren und geschärfte Sinne. Er kriegt alles mit und filtert die unzähligen Inputs zu seinem Vorteil. Was er aktuell nicht braucht, speichert er irgendwo im Hinterkopf ab (irgendwann wird auch das brauchbar sein).

Ein Künstler ist eigentlich ein riesiger Computer mit Gefühlen.

Ressourcen

Kennst du all deine Ressourcen?

Wirklich?

Dann zähle auf, was du alles kannst. Anschließend fantasiere drauflos, was du noch alles ausprobieren könntest, alles, was du noch nicht versucht hast.

Glaub mir, es ist mehr da, als du ahnst. Eigene Ressourcen zu entdecken und sie dann besser zu nutzen – darum geht es. Das ist das A und O für ein erfolgreiches Leben als Künstler. Wenn ich „erfolgreich" sage, meine ich nicht, wie schon gesagt, ein Leben in großem materiellen Reichtum, nein – gemeint ist, von der Kunst leben zu können, und das ist heute für uns Künstler schon ein Erfolg.

Wenn du dir deiner Ressourcen bewusst bist, welcher Schatz in dir schlummert, dann bist du unbesiegbar.

Gehe einfach auf eine Entdeckungstour und spüre deine Ressourcen auf, nimm dir die Zeit, herauszufinden, wie viele es sind, und du wirst es nicht bereuen.

Wann brichst du auf zu dieser Reise?

Fantasie

Jeder, wirklich jeder von uns hat Fantasie, eine uns von der Natur mitgegebene Fantasie. Die muss nur gepflegt und trainiert werden. So wie die Gehirnzellen ein Training brauchen, braucht auch die Fantasie tagtägliche Übungen. Und die absolvieren auch die meisten Künstler, aber überwiegend nur im Hinblick auf die Umsetzung in Kunst und nicht im Hinblick auf den nächsten Schritt, bei dem es um die Vermarktung der eigenen Kreativität geht.

Jeden Tag sollten wir in unserer Fantasie immer wieder neue Kontinente entdecken und auf den Olymp steigen, unermüdlich neue Meisterwerke schaffen und dabei nichts zensieren, was uns unsere Vorstellungskraft schenkt. Der Zensor, der sich allzu oft zu Wort meldet, bist nicht wirklich du, sondern es ist dein zweites, angepasstes DU, entstanden aus deinen Erfahrungen mit den Eltern, der Schule, den Kollegen und der Gesellschaft allgemein, und diese Erfahrungen sind oft negativ. Verbanne alle diese Menschen aus deiner Fantasie und aus deinem Wesen und fantasiere drauflos, ohne sie zu beachten. Denn sie sagen dir zumeist nur das eine:

„Schätzchen! Vergiss deine Kunst! Das ist nichts für dich, das gab's schon alles, such dir was anderes …"

Setze deine Fantasie für die Suche nach neuen Wegen ein, die dich zum Erfolg führen. In deiner Fantasie liegt immer den Anfang. Der Rest wird dann in der Realität umgesetzt.

Der Antrieb

Was treibt dich im Leben an?

Wir haben alle unsere Antriebe, manche sind weniger ausgeprägt und manche mehr. Welches sind deine?

Der Antrieb eines Künstlers sollte seine Kreativität sein.

Ein Antrieb, der uns eigentlich nie ruhen lässt, weil wir stets auf der Hut sind. Dieser Antrieb hat fast die Qualität eines instinktiven, ja wahnhaften Triebs. Ohne diesen Trieb könnten wir keine nennenswerte Kunst schaffen. All die großen Künstler hatten diesen Trieb, und sie haben meist nur für diesen Trieb gelebt.

Kurz gesagt:

Solltest du bei dir diesen Trieb nicht fest-
stellen, brauchen wir über deinen Weg zu
einem erfolgreichen Künstler kein Wort ver-
lieren.

Deine Vision

Was ist deine Vision?

Hast du überhaupt eine?

Kläre für dich eine deiner wichtigsten Visionen, ohne Scheu und falsche Bescheidenheit, beschreibe sie so konkret wie möglich, vielleicht hilft es dir, wenn du sie aufschreibst.

Wenn dir nichts einfällt, bleib dran und finde sie heraus, deine Vision. Oder mehrere Visionen, und höre dabei auf niemanden. Deine Visionen behältst du am besten für dich, hüte sie wie ein Geheimnis. Je verrückter und naiver sie sind, desto besser.

Vergiss nicht:

Deine Vision zeugt von einem besseren DU.

Dem DU, das du eigentlich leben willst. Die äußeren Umstände erlauben dir nicht, deine Vision zu leben, aber du hast sie in dir, also bist du sie auch.

Der Faktor Leiden

Dieser ist immer noch präsent unter den Künstlern, ich nenne ihn mit Verlaub das Van-Gogh-Syndrom. Er lautet:

Ein Künstler muss leiden, damit er was Großes schaffen kann.

Das ist Bullshit!

Das Einzige, was zählt, ist dein Leben jetzt – und willst du etwa jetzt leiden? Soll das Leiden die Summe deines Lebens sein?

Bei vielen Künstlern ist leider das Leiden unbewusst verankert, selbst bei denen, die erfolgreich sein wollen.

ICH BIN ZU GUT FÜR DIESE WELT
DIE WELT VERSTEHT MICH NICHT

Oft gefallen sich die Künstler sogar in dieser Rolle.

Und das nimmt irgendwann überhand und von Erfolg brauchen wir dann nicht mehr zu reden.

Stagnation und Depression sind die Folge. Denk darüber nach …

Die Nische

Wenn du immer das machst, was die anderen auch machen, dann reihst du dich ein in die lange Reihe der erfolglosen Künstler. Das bringt dich nicht weiter. Ganz im Gegenteil: Das zieht dich nach unten, in die Depression und miese Laune.

Eine Nische finden heißt, etwas machen, was sonst keiner macht, aber was trotzdem nachvollziehbar und akzeptabel für die Mehrheit der Menschen bleibt. Es muss nicht unbedingt etwas komplett Neues in der Kunst sein, niemand kann das Rad neu erfinden, es meint eher, aus dem bereits Bekannten etwas aufgreifen und so neu und originell verpacken, dass es als Neuheit empfunden wird. So machen es die erfolgreichen Spieler. Ja, ich nenne sie Spieler, denn in dieser Bezeichnung steckt eine weitere sehr notwendige Voraussetzung für deinen Erfolg als Künstler: deine Fähigkeit zum Spielen.

Wir Künstler sind Spieler. Flexibel von Natur aus (oder sollten es zumindest sein). Sture und unbewegliche Menschen können der heutigen schnellen und komplexen Zeit kaum standhalten. Unsere Zeit erfordert ein schnelles Auffassungsvermögen, Entscheidungsfähigkeit, Mut zu Veränderungen und Flexibilität.

Wenn du das Gefühl hast, deine Nische gefunden zu haben – die auch gleichzeitig deine Höhle ist, die dir Schutz bietet, dann bleib einfach dort.

Hüte deine Nische.

Mach auch andere Sachen, damit du dich als Persönlichkeit weiterentwickeln kannst, aber verlasse die Nische nie.

Sie ist ein Garant für deine Existenz.

Die verschiedenen Modelle des Künstlerdaseins

Der Klassiker: Bilderverkauf

Vom Bilderverkauf zu leben ist das meistverbreitete Lebensmodell unter den Künstlern, und wenn ich mir das Urteil erlauben darf – auch das schwierigste. Wir erschaffen ein Produkt, ein Unikat und wollen es verkaufen.

So stellt sich die Frage:

Was malen?

Heute, wo es keine eindeutigen Stilrichtungen mehr gibt, alles erlaubt zu sein scheint

Was um Himmels willen sollte heute ein Künstler malen?

Nach meinen Beobachtungen sind heutzutage zwei Ausprägungsformen der Malerei am meisten verbreitet:

1. Kritische, auf Sensation zielende Bilder, sie sind heftig, aber perfekt gemalt ... Diese mögen die Sammler und Kritiker.

Wenn du Glück hast, wirst du von denen erwählt und hochgepusht. Dann hast du es geschafft, dann kannst du auch Müll malen und deine Bilder werden trotzdem als große Kunst verkauft. Dann wollen alle deine Bilder, aber nicht, um sie zu genießen oder weil sie deine Kunst mögen ... nein. Sie wollen in deinen Namen investieren. Um Kunst geht es da nicht.

Doch normale Menschen würden deine Bilder niemals aufhängen.

Also – einen solchen Status erreichen nur gaaaanz wenige Künstler. Ist wie ein Sechser im Lotto.

Also für die Mehrheit unrealistisch.

2. Bilder, die gemalt werden von den Normalos, zu denen auch die meisten Künstler gehören.

Diese Variante ist für uns interessant.
Das ist natürlich alles sehr individuell, aber wenn du Bilder verkaufen möchtest, solltest du auf jeden Fall positiv gestimmte Bilder malen. Bilder voller Leben und Kraft. Gleichzeitig sollte die Bildaussage auch neutral sein, nicht wehtun. Der moderne Mensch – und das ist derjenige, der deine Bilder kauft, ist sehr komplex und vollgestopft mit Informationen, er möchte keine problemgeladene Kunst bei sich zu Hause haben, das Leben selbst und das Fernsehen liefern ihm ohnehin ständig Probleme. Er will in seinem Zuhause etwas, was Ruhe,

Kraft und Hoffnung vermittelt, und das kann ihm auch niemand verübeln. Am besten Werke mit vielen Kontrastfarben, das vermittelt bewegte Lebenskraft wie in der Natur, Dynamik ist auch sehr wichtig, und Farben, Farben die man am liebsten aufessen würde, so schmackhaft sollten sie präsentiert werden, Farben, die an Früchte und üppige Landschaften erinnern. Und natürlich Weite. Diese Weite ist es, die uns die Illusion vermittelt, dass der Maler zaubern kann, dass das Bild mehr ist als eine mit Farben beschmierte Leinwand. Und dann erliegt der Mensch dieser Kunst und ist bereit, viel Geld für das Werk zu zahlen, weil er ohne dieses Bild nicht mehr leben kann. Ist das nicht herrlich?

Wo ausstellen?

Eine Galerie ist nach wie vor der Klassiker. Aber unter uns: Die Galeristen sind ein schwieriges Völkchen, irgendwie wie von einem anderen Planeten, sie verstehen jeden, nur die Künstler nicht.

Außerdem denken sie natürlich in erster Linie wirtschaftlich, und ihr Verständnis von Kunst ist nur ihnen selbst verständlich. Hinzu kommt, dass die meisten Galerien Geld dafür verlangen, dass wir überhaupt bei ihnen ausstellen dürfen. Weil sie selbst längst nichts mehr verkaufen.

Also was tun? Wo können wir dann ausstellen?

Eine gute Alternative ist, in schicken und teuren Restaurants auszustellen. Da verkauft man besser als in den Galerien, die jenseits der Vernissagen sowieso meistens leer bleiben. Voll sind aber die Restaurants.

Auch hier gilt natürlich, was beim Thema Umfeld beschrieben wurde:

Kunst auszustellen, um zu verkaufen, lohnt sich nur dort, wo Geld und Bildung vorhanden ist. Das ist natürlich eine starke These und ich will niemanden verletzen, aber es ist einfach so. Also in den Stadtteilen, wo Menschen verkehren, die sich Kunst leisten können.

Warum?

Weil Kunst heute immer noch als Luxus betrachtet wird.

Kunst und Kreativität vermitteln

Ein Künstler soll wesentlich mehr können als Bilder malen oder aus einem Steinblock eine Skulptur bildhauern.

Hier geht es um die Erfahrung, die wir Künstler machen, wenn wir Kunst schaffen. Diese Erfahrungen sind sehr kostbar und nicht weniger wert als die Kunstwerke selbst.

Ich meine damit unsere Fähigkeit, den Prozess der Kunstentstehung vermitteln zu können.

Unsere eigenen Erfahrungen als Künstler weiterzugeben, indem man anderen zeigt, wie man kreativ wird. Diese Möglichkeit erscheint mir die beste, um als Künstler heute über die Runden zu kommen. Malkurse und

Workshops veranstalten. Die Menschen sind heute gierig danach, kreativ zu werden. Nie war das Malen so populär wie heute.

Als ich verstanden habe, dass man alleine mit dem Bilderverkauf heute nicht weiterkommt, habe ich mich gefragt – was kannst du noch als Künstler? Und ich kam auf die Idee, all das weiterzugeben, was ich mir im Laufe meines Lebens angeeignet habe. Und es hat funktioniert.

Kunsttherapie

An sich ist ja das künstlerische Tun selbst schon Therapie, das sagt Beuys auch. Aber die Kunsttherapie hat sich schon seit Langem als etwas Eigenständiges etabliert. Viele Menschen stehen dieser Fachrichtung immer noch skeptisch gegenüber. Sobald man das Wort Therapie in den Mund nimmt, kommt Widerstand: Ich brauche aber keine Therapie. Doch das ist jetzt nicht unser Thema.

Ich kann dazu nur eins sagen:

Die Verschmelzung von Kunst und Kunsttherapie hat sich bei mir als sehr produktiv erwiesen. Während einer solchen Ausbildung kann ein introvertierter Künstler sehr viel über sich erfahren und daraus einige

Schlüsse für sich ziehen. Er kann zum Beispiel lernen, eine Gruppe zu leiten. Oder er setzt sich mit den Farbwirkungen auf die Psyche auseinander … Dies kann sehr hilfreich sein, um zu verstehen, warum manche Farbstimmungen in seinen Bildern nicht beim Publikum ankommen.

Kurz gesagt: eine Investition in eine Kunsttherapieausbildung kann sich als hilfreich erweisen.

Kontakte, Kontakte, Kontakte ...

Ohne Kontakte geht heute gar nichts mehr. Und ich meine damit nicht Vitamin B, was natürlich auch sehr hilfreich sein kann ... Es geht einfach um Kontakte zu den Menschen, die in der Branche etwas zu sagen haben. Journalisten, Galeristen, Kritiker, Sammler oder Menschen, die an Stellen arbeiten, wo entschieden wird, wo man Künstler, Kunstlehrer, Kunsttherapeuten braucht oder allgemein kreativ denkende Menschen. Wenn diese Menschen irgendwann irgendetwas planen, was mit Kunst zu tun hat, zum Beispiel in den Ämtern, dann erinnern sie sich an dich: Oh, ich kenne doch einen Künstler. Und du hast dann den Job.

Diese Kontakte kann man nicht per Internet oder per Telefonanruf herstellen, nein, woran sich die Menschen erinnern, sind der Charme, die Aura eines Menschen, sie erinnern sich an den realen, lebendigen Menschen, an sein Feuer und seine Energie.

Also rangehen, kommunizieren, auf dich aufmerksam machen, dass du da bist!

ICH KANN ETWAS; WAS SONST NIEMAND KANN!!!

Das sollte dabei auf deiner Stirn stehen.

Verbindungsmänner: Die Willis.

Ich kenne einen sympathischen Mann in den frühen Sechzigern, der Willi heißt. Ich habe ihn bei verschiedenen Kunstaktionen kennengelernt in einer Kleinstadt, wo ich ab und zu etwas veranstalte, und er ist, so sagt man, der heimliche Bürgermeister dieser Kleinstadt, weil er überall mitmischt und total engagiert ist. Ich gab ihm meine Karte und erzählte, was ich alles mache: Workshops für Firmen, Behörden und usw. Er fand das interessant und steckte meine Karte ein. Ein paar Monate später rief er tatsächlich an und meinte, die Mitarbeiter der Behörde dieser Stadt würden gerne mit mir ein gemeinsames Bild malen. Und so geschah es. Später bekam ich noch weitere interessante Aufträge durch Willi.

Also die Willis – so nenne ich solche Verbindungsmänner für uns Künstler. (Es können natürlich auch Frauen sein.)

Unsere Willis sind Menschen an Orten, wo Künstler möglicherweise Aufträge bekommen. Für Firmenfeiern zum Beispiel.

Wir Künstler brauchen diese Willis überall. Selbst an den Orten, die auf den ersten Blick wenig mit Kunst zu tun haben, wie Büchereien, Seniorenheime oder Einrichtungen für eingeschränkte Menschen, Schulen oder Krankenhäuser, Therapiezentren, Touristen- oder Reisebüros. Ich empfehle, Kontakte an solchen Orten zu knüpfen und sie zu pflegen.

Warum?

Weil Kunstevents im Kommen sind, und irgendwann entscheidet sich irgendeiner der genannten Orte, etwas mit Kunst machen zu wollen. Sei es eine Ausstellung, eine Kunsttherapie oder ein Kunstevent in Form von gemeinsamem Malen oder was auch immer … Dann meldet sich unser Mann – oder unsere Frau – und sagt:

Hey, ich kenne da jemanden.

Und du kriegst einen Anruf.

Also ran an die Willis.

Mach Werbung, was sonst ... und das rund um die Uhr

(in den sozialen Medien)

Du musst tatsächlich rund um die Uhr die Werbetrommel rühren.

Ich übertreibe nicht.

Ich erkläre warum:

Wir haben heute wunderbare Möglichkeiten, was die Eigenwerbung angeht, nämlich die sozialen Netzwerke wie Facebook, Instagram, Youtube und viele andere. Sie sind natürlich Fluch und Segen zugleich. Aber konzentrieren wir uns jetzt auf die positiven Seiten und weniger auf die negativen.

Natürlich geht es dabei um die Selbstdarstellung.

Auch wenn dieses Wort heute einen etwas negativen Beigeschmack besitzt … Mal ehrlich: Sind wir Künstler nicht grundsätzlich Selbstdarsteller?

Ich finde ja.

Nie zuvor in der Geschichte der Menschheit hatte ein Künstler so viele Vermarktungsmöglichkeiten wie heute.

Aber das ist mit sehr viel Arbeit verbunden.

Von morgens bis abends aktiv sein, posten, posten, posten … die Möglichkeiten der Selbstpräsentation erwägen, Akteure anschreiben, Akquise betreiben und und und.

Seien es deine Bilder, Videos, deine Messages an die Welt … immerzu posten.

Denn genau darum geht es heute, dass die Welt dich als Künstler wahrnimmt.

Die sozialen Netzwerke betrachte ich als unsere eigenen Verlage, und mit denen kannst du die Welt in Sekunden erreichen.

Nutze sie!

Eine bessere Werbemöglichkeit als im Moment kann es für uns kaum geben.

Erstelle Seiten, Kanäle, Blogs, mache Videos zu deiner Kunst, zu deiner Person, brüste dich, wie toll und originell du bist, und sende die Botschaften in die große, weite Welt.

Und es wird irgendwann Früchte tragen.

Denn:

Aktion – Reaktion.

Das gilt immer noch.

Ist ein Naturgesetz.

Falle einfach auf.

Der Kunstmarkt

Wie funktioniert heute der Kunstmarkt?

Ich glaube, das weiß kaum jemand so richtig.

Eine Prognose zum Kunstmarkt abzugeben ist schwieriger als zur Börsenentwicklung.

Der Kunstmarkt heute ist den Launen und Capricen einiger „wichtiger" Menschen untergeordnet, die natürlich in erster Linie den wirtschaftlichen Interessen dienen. Du fragst dich, wer diese Menschen sind?

Galeristen, Kritiker, Journalisten, Sammler, Industrielle … Und das alles im großen Stil. Sie entscheiden, wer erfolgreich wird, und alle profitieren davon. Eine Hand wäscht die andere. Um die Kunst geht es da nicht wirklich.

Ein gutes Beispiel ist der junge Shootingstar der Kunstszene Leon Löwentraut …

Hättest DU so gemalt, hätte dich kein Schwein beachtet, du hättest nicht mal eine Galerie gefunden, um ausgestellt zu werden. Aber er hatte Gönner. Plötzlich haben sich all diese Menschen hinter ihm versammelt und gesagt: Der Junge muss erfolgreich werden! Wir machen aus ihm einen Star! Und davon profitieren alle Beteiligten. Um diesen Jungen entwickelt sich gerade eine Massenhysterie und Menschen glauben zu wissen, dass noch nie jemand vor ihm so gemalt hat wie er es tut. Er braucht die Bilder nur irgendwo auszustellen, und sie sind in Sekunden verkauft.

Ich sage nur … der arme van Gogh!

Was können wir heute vom Kunstmarkt lernen?

Nichts!

Wir missachten ihn einfach und machen unser Ding.

Lass doch diese Idioten sich selbst feiern.

Heute können wir alles selbst in die Hand nehmen, und das ist das Gute an unserer Zeit.

Alle Werkzeuge sind da. Es fehlt nur der Wille, ein Plan und eine Extraportion Glück.

Dann klappt es bestimmt!

Die gute Nachricht zum Schluss – das ist meine Vision

Das Leben an sich, unsere Lebenseinstellungen und Lebensgewohnheiten verändern sich rapide. Allzu schnell manchmal.

Auf uns Künstler kommt bald eine ganz besondere Rolle zu.

Welche das ist? Das erkläre ich jetzt:

Doch bevor ich das tue, rufen wir ganz kurz in uns auf, was ich bereits gesagt habe.

Was sind wir Künstler heute?

Erzieher
Coaches
Manager
Buchhalter

Zauberer
Geschichtenerzähler
Logistiker
Hellseher
Therapeuten
Moderatoren
Unterhalter
Performer
Ideengeber

Bald werden die Künstler zunehmend eine
Vermittlerrolle übernehmen, sie werden
Vermittler sein zwischen dem wahren Leben
und den Illusionen vom Leben, in denen
sich Millionen von Menschen verfangen haben – sprich in digitalen Welten oder einem
Leben auf Knopfdruck.

Wenn es einem Künstler gelingt, einen
rundum digitalisierten Menschen voller Illusionen zur handfesten Kreativität zurück-
zubringen, dann hat er damit möglicherwei-

se diesen Menschen vor mancherlei Krankheiten, vor einer Depression beispielsweise, bewahrt.

Ich rede hier von den wahren Künstlern, nicht etwa von egomanischen Spinnern, die sich einbilden, die Welt habe nur auf sie gewartet.

Was passiert, wenn das bedingungslose Grundeinkommen eingeführt wird? – Und dies wird mit Sicherheit kommen, und vielleicht sehr bald.

Wer soll dann all die Menschen beschäftigen, die ohne Arbeit zurückbleiben und nicht mehr wissen, was tun?

Ein Teil von ihnen wird seine Kreativität entdecken wollen und die Künstler werden einiges zu tun haben, um dieses Feuer der Kreativität zu entfachen.

Das wird vielleicht schneller eintreten, als wir denken. Die Jobs gehen verloren, die Maschinen und Roboter erledigen das meiste alleine, die Industriestaaten machen trotzdem Gewinne ohne Ende, ein Geldsegen von allen Seiten geht nieder.

Um die Menschen ruhigzustellen, werden die reichen Staaten das bedingungslose Grundeinkommen einführen. Und weil die Kreativität in jedem Menschen verankert ist, werden die Menschen sie ausleben wollen, um dem Nichtstun zu entgehen. Aber sie haben doch völlig verlernt, was es heißt, eigenständig Dinge zu gestalten, sie waren doch von morgens bis abends in virtuellen Welten versunken?

Und hier kommen wir, die Hohepriester der Kreativität ins Spiel.

Vielleicht werden sogar Jobs für Künstler geschaffen, damit sie Menschen helfen, ihren Hobbys nachzugehen …

Wäre das nicht toll?

In diesem Sinne, bleibt kreativ rund um die Uhr.

Weitere Bücher des Autors bei BOD:

DER KLUB

Roman, 228 Seiten
ISBN: 9783732247080
Erscheinungsdatum: 15.07.2013

Der 27 jähriger Rockmusiker Shay ist tot. Im Jenseits sanft gelandet, hat er nur einen Wunsch: Aufgenommen zu werden im dort ansässigen „Klub der 27er", um endlich seinen Idolen (Jimi Hendrix, Janis Joplin, Jim Morrison und Co.) nahe zu sein. Es gibt dabei nur ein Problem: Die Herrschaften wollen unter sich bleiben und keine neuen Mitglieder aufnehmen. Doch Shay ist beharrlich und bleibt am Ball, bis sie ihn endlich als einen der ihren akzeptieren.

Der phantastische Roman „Der Klub" entwirft mit spielerischer Leichtigkeit und viel Freude an schrägen Ideen ein mögliches Bild jenseitiger Existenz und nimmt die Fans der guten alten Rockmusik mit auf einen sehr vergnüglichen Spaziergang.

DAS GLÜCK DES KÜNSTLERS
(Von der Magie des Malens)

104 Seiten
ISBN: 9783746016290
Erscheinungsdatum: 28.11.2017

Das Buch beschreibt auf einfache und sanft ironische Weise, wie man die Malerei für sich entdecken kann. Die ersten naiven Schritte, die erste Freude am Tun und am Ergebnis. Was ist Form, Farbe, Raum, wie sollte man malen und vor allem, was sollte man malen, wenn alles bereits gemalt und erforscht zu sein scheint? Und lohnt es sich, professionell den manchmal so steinigen Weg der Kunst zu gehen? Es ist ein lebendiges Buch voller Tricks, die von Malern der heutigen Zeit häufig und gerne benutzt werden und die das Malen auf faszinierende Weise vereinfachen.

Der Autor ermuntert seine Leserinnen und Leser dazu, ihrem Traum zu folgen, und steht ihnen auch in den unausweichlichen Phasen des Zweifelns mit nützlichen Tipps zur Seite. Denn er will mit ihnen gemeinsam

einen spannenden Weg gehen: den Weg des
Künstlers!

MAGISCHES VIERTEL
(Chronik einer aussergewöhnlichen Besetzung)

228 Seiten
ISBN: 9783752838664
Erscheinungsdatum: 15.07.2018

Am 22. August 2009 besetzen rund 200 Künstler in Hamburg die leerstehenden Häuser des Gängeviertels und richten dort Galerien, Ateliers und Partyräume ein, um damit auf dringend benötigten Raum für kreative Menschen in der Stadt aufmerksam zu machen.

Noah, ein Künstler mit Leib und Seele, erlebt die außergewöhnliche Besetzung hautnah und wird ein Teil des Ganzen. Aus Sicht des Künstlers, der nebenbei auch das ganze Viertel bekocht, werden wir Zeugen der chronologischen Entwicklung dieses einzigartigen Projekts. Ein friedlicher Kampf voller Hoffnung, Kunst und Partys beginnt. Mitten in der Hamburger City entsteht eine Insel der Kreativität, zu der viele

Menschen aus aller Welt pilgern, um gemeinsam Kunst oder Musik zu machen, zu feiern oder einfach sie selbst zu sein.

DAS GLÜCK ENTDECKEN

148 Seiten

ISBN-13: 9783754326336

Erscheinungsdatum: 12.08.2021

Wo fängt es an und wo endet unser Glück? Warum endet es überhaupt? Gibt es überhaupt in unserem Leben das Glück? Und vor allem, wo liegen die Ursachen, wenn wir aus unserem Unglück nicht mehr rauskommen?

Was macht uns so unglücklich?

Und wollen wir überhaupt glücklich sein?

Wir werden auf den folgenden Seiten versuchen, zusammen herauszufinden, was uns unglücklich macht, warum das Glück meistens nur fünf Minuten anhält und ob es uns Menschen überhaupt möglich ist, ein langes, erfülltes und glückliches Leben zu führen.